箴言集

そのままの自分を出せばいい

Sakai Yusai
酒井雄哉

PHP

目次

●第一章 今を一生懸命、生きる

●第二章

自分と正直に向き合う

●第三章

自然の流れに逆らわない

●第四章　心の持ち方が人生を変える

●第五章
すべてはつながっている

●第六章

笑って死ねたらそれで幸せ

装　丁――川上成夫
帯写真――タカオカ邦彦
編集協力・組版――月岡廣吉郎
協　力――株式会社メディアライン・ディ 鷹梁恵一

第一章

今を一生懸命、生きる

一日が一生

「一日が一生」。明日生まれて、また新しい人生を迎えようと思ったら「今日を大事にしなかったら明日はないよ」ということです。

世の中はジタバタしたってなるようにしかならない。だから、そんなことより「今を大切に、今を一生懸命やりなさいよ」と。そんなことをしょっちゅう言ってるんですよ。

（『「今」を大切にする生き方』）

生きていられるのは奇跡のようなもの

今、地球上にこうして生きていられるということは、本当に貴重で、奇跡みたいなものなんだよ。だからこそ、今日一日をムダにせず、いつスーッと亡くなってもいいように、充実した人生を心がけるのがいいんじゃないかな。

（『がんばらなくていいんだよ』）

明日が必ずやってくる保障などない

「明日は当たり前のようにやってくる」と思っている人は多いけど、明日必ず生きていられるなんて、誰も保障されていない。

（『あなたには幸せになる力がある』）

やる気があればなんでもやり遂げられる

人間っていうのは、技があって、心の持ち方がある程度しっかりしていれば、大丈夫なんだ。やる気になれば、平気でなんでもやり遂げちゃうんだよ。

やる気を持続させるには、月並みな言葉になるけど、ハングリー精神があればいいんだ。ハングリー精神がある人には、やっぱり物事をやり遂げる心の強さがあると思うよ。

（『ムダなことなどひとつもない』）

運が悪いのではなく努力していないだけ

運というものは、ただ受け身で待っているだけでは訪れない。人の運というのは、自分が行動していく中にこそ生まれてくる、ということなのです。そして一度運をつかむと、その先はまさにピューッと流れていくのではないでしょうか。

ですから、人が「私はなんて運が悪いんだろう」と言っているのをよく耳にしますが、私に言わせれば、それは運が悪いのでもなんでもありません。現状をよくするための努力を何もしてないだけなんです。どんなにつまらないことでもいいから、食いついて続けていかなければ、運はやってきてはくれません。

（『生き抜く力をもらう』）

今できる最低限のことをやる

「人間、できることは、なんでもやっていかなきゃいけないんじゃないの？」って思うんだよね。
今できる最低限のことをやっていれば、考え方一つでどうにでも生きがいができるんだな。

（『ムダなことなどひとつもない』）

何かをやろうと思ったら考えずに行動する

あれこれ頭で考えはじめると、誰でも足踏みしてしまう。そういうクセがついてしまうと、いざどこかへ行こうと思っても、腰が重くなって動かなくなってしまうんだ。

だから、何かをやろうと思ったら、できるかできないか、損をするかどうかわからないけど、そのときになったらそのときに考えればいいやと思って、とにかくダーッと行ってしまえば、自然と人生はうまく回っていくものなんだよ。

（『がんばらなくていいんだよ』）

一歩一歩繰り返す、それが人生

一歩一歩、地道に進んでいくことが大切だとわかっていても、なかなかできない人もいるよね。だけど、人生はとにかく一歩ずつ前へ進むことを繰り返すしかないんだ。一歩ずつ地道に進んでいけば、道に迷うこともないし、間違いない人生を送ることができるんだよ。

（『あなたには幸せになる力がある』）

とにかく一生懸命やっていればいい

やってることが成功しようが、また偉くなろうが、そんなこと関係なしに、今を一生懸命、とにかく今をこつこつ、こつこつすることが一番いいんじゃないの？結果なんか、どうでもいい。人間として、こうやって生きていくのが最高じゃないかと思っていれば、一番気が楽じゃないの？

とにかく一生懸命やっていればいい。一生懸命にやるということは、前向きに一歩ずつ一歩ずつ駒を進めてよいということ。じいっとしていても先にいかないんだから。思っていることを実践、実行に移すことによって、少しずつ少しずつ進んでいく。だから毎日山を歩くときも、何も考えないでひたすら拝んでいるから前へいけるんだと思う。

やっぱり、前向きに、今を大切に、今以外にないのだから、今を捨てちゃったらもったいない。一歩ずつ一歩ずついくような方法がいいんじゃないかと思いますよ。

（『「今」を大切にする生き方』）

太い丸太も端から切り崩していけば割れる

太くて大きな木を倒して、薪《まき》をつくろうとするよね。だけど、丸太の真ん中をダンと切りつけたって、一気に割れるわけがない。どうやっていくかといったら、丸太の外側にナタをバーンと入れて、端から少しずつ切り崩していくんだ。そうするとだんだん小さくなって、最後には真ん中からパンと割れるようになってくるんだよ。

なんでも真正面から一気にやろうとせず、少しずつやっていけば、必ずこなすことができるということ。むずかしい問題だなと思ったら、自分の力でできそうな部分を見つけて、そこからどんどん崩していけば、ゴールにたどり着けるんだ。

（『がんばらなくていいんだよ』）

できないのはやっていないだけ

できないってことは、ただやっていないだけなんだな。

（『ムダなことなどひとつもない』）

人と人との関係も「一日一生」

ぼくは思うんだけど、人と人との関係もやっぱり、一日一生なんじゃないかなあ。
今日は今日の自分、明日は明日の自分。今日は今日の相手、明日は明日の相手。今日のいざこざは今日でおしまいにして、明日はまた新しく「おはよう」と元気よく始めればいい。周囲もそれに応えるわけなんだな。

（『続・一日一生』）

自分にできることを、できる範囲でやればいい

本来、恵みというものは、すべての生き物にまんべんなく降り注いでいるものだから、つらいと思える状況も、あとで振り返ってみると、自分にとってはひとつの恵みだったと気づくかもしれない。つらさにめげず、いい行いを　生懸命やっていれば、その努力は報われると思うよ。

ただ、一生懸命やらなくてはならないと思うがゆえに、自分の力量以上のことをする必要はないよ。無理したり、あせったり、肩に力を入れてがんばりすぎたりしなくていいんだ。自分にできることを、できる範囲で、前向きにやっていけばいい。

（『あなたには幸せになる力がある』）

ちょっと前のことはすべて過去になる

今この瞬間から見たら、ちょっと前に起きたことはすべて過去になっちゃうんだ。だから、そういう今まで歩いてきた道というのを基盤として、来た道は一応参考にするけど、ごちゃごちゃ考えない。過去を振り返って、「失敗したなー」と思って、ウロチョロウロチョロするのもいいけど、もっと大きな目で見て、「まあ、失敗していろいろなことがあるのが人生だ」って割り切れたらいいよね。

（『ムダなことなどひとつもない』）

つまらない仕事も、つまらない人生もない

大きな仏さんの世界からみたらさ、この世につまらない仕事も、つまらない人生もないんだよ。だから、いま自分がかかわっていることは、どんなことでも、そのときそのとき、一生懸命やることが大事なんだよね。

（『続・一日一生』）

一つや二つ失敗したって、慌てることはない

僕は失敗ばかりしてきたから、普通の人とちがって、物事がスムーズに進むと、気持ちが悪い。ほんとうに大丈夫なのかなあと思って、あとで一人で「大丈夫だあ、大丈夫、大丈夫」なんて言うんだけれど。

僕は失敗しながら育ててもらったようなもの。なんかやったら必ず文句言われたり、修正したりということは何回もあった。失敗を繰り返しているうちに、それが経験となって蓄積されて、「一つや二つ失敗したからってね、慌《あわ》てることないよ」「人生長いんだから、もうちょっと前向きにがんばろうよ。それが、成功への一つの道しるべになるかもわからない」ってね。

（『「今」を大切にする生き方』）

フル回転して生きれば楽しみが増える

長生きをしていればいろんなことに会うし、いろんな経験ができる。人間フル回転するべきだと思うな。ただ、ボケッとしてるのはもったいないけど、フル回転していれば、昔の歴史や、昔の知り合いにふれあって、新しいことを知ることだってできる。新しい楽しみができるよね。

（『ムダなことなどひとつもない』）

桜のように誇りを持って生きる

散りゆく桜を見ると物悲しい気持ちになる、なんて日本ではよく言われるけど、毎日桜に挨拶をして、ずーっと花を見ているうちに、「散るからといって、寂しがることはないですよ。きれいだねとみんなに喜んでもらえるから、散ってもまた来年いい花を咲かせるために、精一杯生きていくんです」と、桜が教えてくれた気がするんだ。

精一杯咲くことに誇りを持っている桜のように、人も誇りを持って生きていきたいね。

(『あなたには幸せになる力がある』)

攻めも守りも、やるんだったら徹底的に

攻めるときには攻めていく。守るときは守る。要するに中途半端になっちゃいけないということです。やるんだったら徹底してやりましょうと。

人間、生きるというのは戦《いくさ》と同じ。

（『「今」を大切にする生き方』）

「身」「口」「意」のバランスが大事

仏教では、「身口意三業《しんくいさんごう》」という言葉がある。

これを簡単に説明すると、人間が生きていくには、「身」（体）・「口」・「意」（心）の三つの要素が必要、ということなんだ。

人間は、精神的に追い込まれたりすると、最初に心のバランスが崩れる。すると、呼吸するのもしんどくなってくるし、呼吸がしんどいと、体の動きも鈍くなる。こうして連鎖的に全体のバランスが崩れてくると、やっぱり何事もうまくいかない。

反対に、精神的に落ち着いているときには、心も呼吸もゆったりしていて、しゃべり方も穏やかになってくるよね。そうすると、体も自由自在に動かせるようになる。

だから、「身」「口」「意」の三つを整えることが、元気を出すことにつながるんだ。歩いて体を動かすことからやってみてもいいし、しゃべり方を穏やかにすることからやってみてもいい。そうすると、心も穏やかになってくるんじゃないかと思うよ。

心が落ち着いてくれば、呼吸もラクにできるようになってくるだろうから、体もラクになって動かしやすくなる。そうやって、三つのバランスをうまくとってみたら、元気になっていけるんじゃないかと思うな。

（『今できることをやればいい』）

同じ日は二度とこない

毎日同じところを歩いていても、そのときの気温や気候によって、目に映る物や自然から受ける感覚はぜんぜん違うものなんだ。毎日同じことをやっていても、同じような場面や光景に出合うことはないから、どんなときでも、一日一日を大切にして生きていきたいね。

（『あなたには幸せになる力がある』）

すべては日常の生活の中にある

判断するときに大事なのは、自分の腹。日々の生活をしっかりと大切にしている人だったら、何かあっても冷静に慌てないで物事ができる。でも、ただ漫然と普通にやっていて、なんとかなるだろうとか、こういうふうにやってりゃ安泰だなぐらいの気持ちでやってる人は、何かあると、「どうしましょ、どうしましょ」って慌てる。だからやっぱり日常の生活にあるんじゃないの、すべては。

（『「今」を大切にする生き方』）

人生は論文のようなもの

人生は、大学を卒業するときに書く論文のようなものなんだよ。論文を書くときはある程度レジュメをつくってから、それを自分なりに研究して、結果をどんどん重ねていくよね。人生もそれと同じなんだよ。

自分の生きている間に苦しいことやストレスのかかること、つらいこと、楽しいこと、嬉しいことなど、いろんなことがあるけど、それをみんな研究していけばいいんだよ。研究しながらこれは自分に必要のないやつだとか、必要があるやつだと分類していって、必要なものはどんどん増やしていけばいいんだからね。

（『がんばらなくていいんだよ』）

夜がきたら放っておいても朝はくる

夜になったら放っておいても朝がくるし、朝がきたらどうしたって夜になる。誰も時を止められないのだから、一日一日を真剣に考えないといけないよ。すべての基本となる最初の一歩が、正しいものの考え方に基づいていれば、成功の道に入っていけるからね。

（『あなたには幸せになる力がある』）

師匠を見つけたら何があってもついていく

自分が「この世界で生きよう」と思って、そのことだったらこの人に聞かなきゃわからない、という師匠を見つけたら、追い返されようが何されようが、そこにずっとへばりついて動かないという気持ちが大事なんだな。

何か目標があって、師匠を見つけたら、ずっと食らいついていくぐらいの根性がないとダメなんだ。そうやって、いい環境を求めていけば、素晴らしいものが与えられるからね。

（『ムダなことなどひとつもない』）

人間は知恵を持たなきゃ本物じゃない

「知識はつけるもの、知恵は磨くもの」って言ってね、知恵は、知識や経験をもとに自分で実践して、自分の生き方の骨組みにしていくもの。人間は知恵を持たなきゃ、本物じゃない。

（『この世に命を授かりもうして』）

大きなものをやるには些細なことからコツコツと

富士山に登るときでも、一歩ずつ歩いていって三合目、四合目、五合目、そのうち七、八といって頂上にたどり着くのと同じように、最初の一歩、最初のスタートを確実にこなせなかったら、先には行かれないということだ。

これから大きなものをやろうと思ったときには、本当に些細《ささい》なことから、根性を持ってこなしていかなかったらできないんだよ。

（『がんばらなくていいんだよ』）

学ぶことと実践することの両立が大事

今、自分が恥ずかしいなあと思うのは、若いときになぜもっと勉強しなかったのかということ。やっぱりそのときに、学んだ知識が最高のもんなんですよ。学ぶときは一生懸命ちゃんと学ばなきゃダメだなあと。

若いときにはうんと勉強して知識を開いて、その中から自分に合うようなものを見つけて、実践、実行していく。やっぱり人生、知識を学ぶことと実践することを両立しないとダメだってことですよ。

（『「今」を大切にする生き方』）

「行かなきゃいけない」という気持ちを持てるか

行《ぎょう》をしてる最中に、「もう死んじゃうのとちがう?」と思ったことが何回もあるんだよ。そういうときでも、「やらなきゃならない、行くんだ!」と思ったら、前向きに考えてるから、不思議と行けちゃうんだね。

何でもやらなかったら、道は拓《ひら》けない。そのとき、とっさに頭の中で考えるなんて暇はないわけだ。

とっさの瞬間、先へ行けるかどうかが分かれ道だな。だから、「とにかく行かなきゃいけない!」っていう気持ちがあれば、道は拓けるんじゃないのかな。

(『ムダなことなどひとつもない』)

人生には分かれ目がいっぱいある

人生というのは、一直線に走っているようだけれど、必ず分かれ目がいっぱいある。それをよく節という。そのときに判断を間違うと、違った方面に行っちゃうんじゃないの。

（『「今」を大切にする生き方』）

目立つのは偽物、隠れているのが本物

本物の姿というのは、どこかに隠れて、目立たないところにある。偽物のほうがやけに目立っているから、みんなそれに振り回されてしまう。だからこそ、意識して「本物を見つめよう」という気持ちを持つことが大事なんだよ。

そうやって気をつけていないと、「本物は何か？」ということを見失ってしまうからね。

（『今できることをやればいい』）

若さを持続する生き方

前向きに、一つのテーマをつくってやっていれば、いつでも新しく生きていけるんじゃないの？

だから、年とは関係ないってことだよな。今まではこういう生き方だったけど、好奇心を持って第二の新しい生き方を見つけたんだ、ってやっていけば、若さをそのまま持続できるわけだよ。

（『ムダなことなどひとつもない』）

明日、命が終わっても悔いのないように生きる

人間っていうのは、いまこの次の瞬間もどうなるかわからないんだよ。つまりピンピンしている人が、いま、急に死んでしまうかもわからないし、逆に、重病人だとしても、明日死ぬとはかぎらない。

寿命と病気っていうのは、別個のものなんだな。寿命は仏様だけが知っていることであって、病気っていうのは、いつ病が人間を侵すかもしれない。

現に明日の命だって僕たちは保障されていないんだからね。わからないよね。だから病気を気に病んでばかりいるよりも、もし明日、命が終わっても悔いのないように、「いま」を大切に生きるしかないんだよ。

(『いのち輝く癒しの言葉 阿闍梨問答集』)

第二章

自分と正直に向き合う

自分を知れば行くべき道を見つけられる

自分を知っていたら、どれを選ぶか決められるんだよね。だって、自分の能力を知っていたら、できないことには手を出せないんだから。だから、何が起きようと、自分はこれだけのことはできるけど、これ以上のことはできないっていうのを知っていれば、ムダなことはしないで、自分で行く道を見つけられるんじゃないのかな。

（『ムダなことなどひとつもない』）

大局的に長い目で見るといい

目的や目標をつくるときは、物事を大局的に長い目で見ながらやるといいよ。人生全体を大局的に長い目で見て、「死ぬまで自分はこの道を歩み続けて、それを極めるんだ」と思える目標をつくるといい。

自分の道を見つけるのは大変だけど、子どものころ好きだったことや得意なこと、当時の習性がヒントになるんじゃないかな。今でも変わらず好きでやっていることの中にも、道が隠れているかもしれないよ。

（『がんばらなくていいんだよ』）

そのままの自分を出せばいい

開き直りと言ったらいいのかわからないけど、人間は、そのままでいいんだよ。
そのままの自分を出せばいいんだ。

（『今できることをやればいい』）

自分の人生は自分でこしらえるもの

だめならだめでいいんだ。だめな自分をよく見つめて、じゃあ何していくかということを考えることだな。これから何していこうかなってね。自分の得意なことってどういうものかを考える。自分の特技を知るっていうのが大事じゃないかな。そして、それを自分なりに伸ばしていくような方法をとるようにする。

ひたすら磨いて、それでやってけばいい。自分の人生っていうの、自分でこしらえなきゃだめなんだよな。

（『幸せはすべて脳の中にある』）

自分の本線を定めれば物事はうまく回っていく

人生というのは、「こうやってやってやっていくんだ」ということを決めた後、変動はいくらでもある。だけどあくまでも目標としての本線を目印にして、そこから離れすぎちゃったら、軌道を修正して、また本線へ進んでいけばいい。だけど、本線がないと、すぐに挫折したり、投げ出しちゃったりするんだよ。

本線とは、自分の能力に合った道ということ。自分の本線をしっかりと定めて、そこへ向かって知識を生かしながら行動していけば、物事はうまいこと回っていくんじゃないかと思うよ。

（『ムダなことなどひとつもない』）

一度自分で決めたら、キッパリやめる

僕は、自分の人生の目標を達成するために、執着や欲を持つのはやめておいたらいいんじゃないですか、というような考え方を持っているんだ。執着があることで苦しむのなら、執着をなくせば何も考えることはないいんじゃないの、という感じなんだ。

一度、自分で「いりません」と決めたら、やっぱり欲しいとか、もう一度やりたいとかあれこれ考えないで、キッパリやめてしまうのが一番いいんじゃないかと思うよ。

（『がんばらなくていいんだよ』）

つらいときも大変なときもすべて人生の副産物

人間だからつらいときもあるし、大変なときもあるかもしれない。だけど、そういうのは人生の副産物なんだよ。

心に集中して、もう一人の自分と対話をすれば、つらいときも、不安なときも、自分をコントロールすることができる。弱音を吐いている、もう一人の自分のことを受け止めてあげたうえで、今やりたいことを、自分自身に言い聞かせればいいんだよ。

（『今できることをやればいい』）

自分をだまさない

自分をだませば、おそらく死ぬまで大きな荷物をしょって歩かなきゃなんない。自分は仏さんにものすごくうそついているのに、人にはうそついちゃいけませんよと説かなくちゃいけない。それは、もう詐欺師と同じだよね。

だから、やっぱり何事も一生懸命やんなきゃなんないし、その方がずっといいでしょう。それだけのことなんですよ。

（『幸せはすべて脳の中にある』）

自分のことを素直に認めてあげよう

日本では謙遜《けんそん》が美徳とされているから、多くの人が謙遜しすぎる傾向にあるけど、「これは自分が得意なことだから、これなら自分はできるぞ」というふうに、日ごろから自分のことを素直に認めてあげることも必要なんだ。

どんな人にでも欠点はあるし、自分の欠点をきちんと欠点だと見ている人は正直でいい。だけど、しょっちゅう自分の欠点を見て、「これは欠点だ、欠点だ」と思っていると、自分の良い部分を伸ばしていくことができなくなる。

自分を認めるということは、自分の信念だとか、自信にもつながっていくんだよ。「これはできる」というものがひとつでもあれば、人に対して必要以上にへつらったり、ベタベタすることもないからね。

卑屈になって、自分を粗末に扱わないためにも、自分を認めるのはとても大事なこと。自信や信念は一朝一夕で築けるものではないから、日々の暮らしの中でいろんな経験を積みながら、できたことをひとつひとつ自分で認めてあげればいいんだよ。それを繰り返しているうちに、いつの間にか確固たる自信や信念が身についていると思うよ。

（『がんばらなくていいんだよ』）

あるがままを、あるがままに受け容れる

あるがまま以外真実はないように、あるがままの自分を受け容れないと、スタート地点を間違ってしまうんだ。間違った場所でいくらがんばっても、結局は何もつかめないからね。だから、素直な心で今の自分を認めて、そこから自分を生かしていけばいいんだよ。

（『あなたには幸せになる力がある』）

心の中の相反する二つの声に耳を傾ける

自分の心の中で相反する声がせめぎあっているのなら、両方の言い分を聞いてあげて、調和をとりもってあげればいいんだよ。そうすれば、案外スムーズに物事は進んでいくんじゃないかと思うよ。

（『がんばらなくていいんだよ』）

頭にきたらニコッと笑おう

僕は俗世にいた頃、すぐにカーッとなる性格だった。ちょっとしたことで頭に血が上っていたのは、傲慢《ごうまん》な気持ちを持っていたからかもしれないね。怒りっぽい性格を理詰めで直すのは難しいから、頭にきたら、すぐ「ニコッ」と笑えばいいと思うよ。それを習慣にすれば、ずっと怒り続けることはできないし、ニコッと笑うことでひと呼吸つけるから、カッカしているのがアホらしくなるんじゃないかな。

（『あなたには幸せになる力がある』）

整理整頓ができる人はクヨクヨしない

整理整頓がきちっとできる人は、あまりクヨクヨ悩まないいんだ。おそらく、白分の中で気持ちの整理もできるから、いろんなことにしつこく執着したり、引きずったりしないいんだろうね。整理整頓が苦手な人は、頭の中も執着や欲でゴチャゴチャになりがちだから、案外としょっちゅう悩んでいるし、悩み事も多い。

（『がんばらなくていいんだよ』）

自分がどんな人間か、自分が一番よく知っている

人間は、周りの人からちやほやされると、自分が偉くなったような気がしてしまう。そこでおごりが出てくると、周りの人へ無理難題を要求したり、自分の心を磨く努力を怠ってしまう。

けれど、自分の評判を気にして、外側をいくら取り繕《つくろ》っても仕方ないんだよ。素の自分がどんな人間か、自分が一番よく知っているはずだからね。人生において大切なことは、人からすごいと言われることではないんだ。

寿命が尽きるまでの間、自分と正直に向き合い、外側の評価に振り回されず、ありのままの姿で懸命に生きることが大事なんだと思うよ。

（『あなたには幸せになる力がある』）

できないことには執着しない

いろいろやってみてダメだと思ったら、ダメなことを考えてブルブルし続けるより、他のことを考えたほうがいいやということになったんだよ。
自分ができることとできないことを見極め、できないことには執着しないという考えを持つことは、生きていくうえで案外大切なんじゃないかな。

（『がんばらなくていいんだよ』）

世の中のためになるんだなと思ったらやればいい

自分でもって、これは世の中のためになるんだなと思ったらやればいいし、そう思うと、なんでもできるんです。

（『幸せはすべて脳の中にある』）

言葉と行いはひとつにならなきゃいけない

今言ったことと、あとでやってることが違ったら、人から信用を得ることはできないんだ。自分にできないことは言わず、陰に隠れて徳を積むことが大切だよ。見返りを得ることや、人から認められることを求めなければ、世の中うまくいくんじゃないかな。

（『あなたには幸せになる力がある』）

自分の選んだ道が「天命」だと信じる

自分の道を決めたら、まわりに振り回されないことが大事なんだ。「自分はこう生きていくんだ」と思っていれば、人に惑《まど》わされない。選んだ道を「天命」だと思っていれば、ただひたすら、それをやっていくだけでいいんだからね。

どんなことでも、自信があるというのは、大事なことだよ。どんな人でも、自信を持てるような生き方をして、自分の道をつくっていってほしいね。

（『今できることをやればいい』）

個性は「ありがとう」という気持ちから生まれる

大きくものを考えられれば、「ありがとう」という気持ちが生まれるよね。この気持ちさえあれば、地球という星で自分が果たす役割もわかってくるし、他人との関わり方も学べる。そこでようやく、個性というものが生まれてくる。

（『「いま」このときを、生きる』）

いらない感情は仏様にあげればいい

悲しいとか腹が立つという感情はとりあえず受け入れてしまえばいい。そして、落ち込んでいたり、カーッとしている自分に気づくことができたら、「まあまあ、そう言いなさんなよ」と言うもうひとりの自分の立場をつくるといいよ。

嫌なことが起きて、嫌がっている自分を認めて、それに対して「まあまあ」と言ってくれる自分がいたら、じーっと嫌な気持ちのままでいることから抜け出せるからね。そうやって、嫌な方向へ向いている気持ちを、自分の中心や良い状態に戻すような考え方をしていけばいいんだよ。

頭の中で「こうなったら嫌だ」「こんな自分は良くない」と考えすぎているのは、ひとりしか入れないお風呂に無理矢理三人ぐらいで入ろうとして、ごしゃごしゃケンカしている状態と同じなんだよ。

無理して入ろうとすれば、必ず誰かが出ていかなければならないからね。だから、素直になって、「今の自分はこうなってるんだ」という状態を認めたうえで、いらない感情は仏様にあげればいいいんだよ。

（『がんばらなくていいんだよ』）

自分の器量に合ったことをやる

自分の身の丈に合ったことを見極めるには、大人になるまでの過程をふりかえってみるといい。そうすると、自分の器量や人間性、性格の傾向がわかってくるよ。大きなことをやろうとせず、自分の器量に合ったことをいろいろやっていけば、人生なんとかなるからね。

（『あなたには幸せになる力がある』）

疲れてないところに神経を集中させる

人生って、こっちが疲れたら全部「しんどい」ってことになってってしまいがちじゃない。考えを辛いことの一点に集中しすぎちゃうから、「こんな苦労はもうしたくない」なんて身を投げちゃうとか。じたばたしたって、どうにもならないところをどうにかしようとするから、疲れちゃうんだよ。

しんどいところは休ませておいて、違うところに精神を集中させてみる。「足は疲れてるから、今度は肩、頼むぞ」ってな。そうして歩けば、案外楽に、結構楽しく生きていけるんじゃないの。

（『一日一生』）

ボロにはボロの美しさがある

ボロはボロで、また違った美しさがあるのとちがうかな。無理して隠すのは、やっぱり仏様の感覚からすると、嘘をつくことだからやめたほうがいいと思うな。それは、自分の短所を隠そうとしたり、自分をより良く見せようと思って、無理をしたり、へんてこに繕うことと同じだよね。それで、苦しくなったり、余計ひどくなったりするんだよな。

（『ムダなことなどひとつもない』）

自分の位置を知ることも大事

感謝の気持ちを大切にすることはもちろん大事だけれど、今の時代を生きていくうえで、自分がどの位置にいるかということを知る必要もあるんじゃないかな。

今の時代、背伸びして物事を考えたがる人がいっぱいいる。目立ちたがり屋というか、ちょっとでも目立ってやろうと思ってうろちょろする人がいる。そうじゃなくて、みんなといっしょにいたら、一歩下がって謙虚な気持ちで、先にほかの人たちに譲るような気持ちでやっていれば間違いがないと思う。

（『「今」を大切にする生き方』）

新しい道を見つければいいんだよ

いろいろ考えちゃって、「もうダメです」っていう人もいるけどさ、そうなったら、新しい道を見つければいいんだよ。考えすぎて自分を追い詰めて自殺をしようとする人だって、もうひと呼吸置いて、今までと違う道をポーンと見つけて、新しい道を歩んでいけばいいんだよ。

（『ムダなことなどひとつもない』）

第三章——

自然の流れに逆らわない

自然の流れにそって生きる

いろんな悩みや不安が頭の中にあふれかえって、自分がどうしたらいいのかわからなくなったときこそ、まどろっこしいけど当たり前の常識といわれるものや、自然の流れにそった生き方というものを、もういっぺん求めたらどうですか、と言いたいな。遠回りしているように見えても、そっちのほうが余計な悩みや不安にとらわれることなくラクに生きられる道なんじゃないかと思うよ。

（『がんばらなくていいんだよ』）

どんなに急いでも一日の長さは変わらない

自然に逆らわないで生きるのが一番いいんだよね。歩くのと同じなんだよ。どんなに急いだところで一日の長さは変わらないんだからね。

（『ムダなことなどひとつもない』）

人間の一生は自然の一部

自然に逆らわないというのは、何事にも良いときがあれば悪いときもあるから、そのときの流れに逆らわないということでもあるんだ。そして、自然には反動があるということを覚えておけば、いたずらに落ち込むこともなくなると思うよ。人間の一生だって、自然の一部なんだからね。

たとえば、人生の暗いトンネルの中に入ってしまい、にっちもさっちもいかずに、苦しくてたまらないとする。だけど、苦しいときを乗り越えたら、今度は先に明かりが見えてくるんだよ。トンネルを出て日が昇り出したら、楽しくて楽しくてしょうがないわけだ。
「自然の中では、日が昇ったら沈むものなんだ。そういう原理で動いているんだ」ということをわきまえている人は、「今は暗黒の世界に入っているんだから、ジタバタしたってしょうがないや、光が出たときに物事を解決すべく、今は力を蓄えておくんだ」と思って、おとなしく技術を磨いているんだよね。それで、明かりが見えたらサーッとやっていくから、そういう人はまた成功することができるんだよ。

（『がんばらなくていいんだよ』）

人間にはどうしようもないことがいっぱいある

自然の摂理という、どでかいものには逆らえない。それなのに、人間は頭がよすぎるために、「自然も、なんとかなるかもしれない」なんて思うもんだから、いっぱいよけいな心配事が出てきてしまう。

心配しても、しなくても、人間にはどうしようもないことが、いっぱいあるからね。あんまり賢く考えすぎないほうがいいと思うよ。

（『今できることをやればいい』）

自分を信じるとバランスがとれる

いままで自然に逆らって、あれこれ頭で考えながら生きてきた人にとって、自然の流れにそって生きていくのはむずかしいことだと思うよ。自分がどこまで自然の流れに乗っているかもわからないだろうしね。

自然にそった生き方とは、自分とも周りの人とも、地球とも調和して生きることなんだ。まずは自分自身を中心に据えて、やじろべえのようにバランスをとりながら、自分を信じて生きていけばいい。そういう生き方は、自分を信じていなかったらできないからね。

（『がんばらなくていいんだよ』）

ダメならダメなりに生きていけばいい

いつも現実だけをとらえるとしんどくなるけど、物事は変転しているからね。今悪くても上昇していいときはくるし、また時がきたら下降してきて、いいものが減っていくんだ。人生はその繰り返しだから、長い目で物事を見て、ダメならダメなりに生きていけばいいんだよ。

（『あなたには幸せになる力がある』）

無理せず、急がず、はみださず

ぼくのモットーはね、「むりせず、いそがず、はみださず、りきまず、ひがまず、いばらない」なんだ。何事も精一杯やるのはいいことだけど、やりすぎちゃったらよくない。むりをしてやりすぎるから、プレッシャーがかかり、ストレスになる。人間の運命には浮き沈みがつきものだけど、その波に逆らわず、ゆったり構えて生きればいいんだよ。そうすれば、よりよく生きられるはずなんだよ。

「はみださず」も同じでね。「俺が、俺が」の気持ちが強いと社会のルールからはみ出しがちになる。だからおかしくなる。社会のおかしなことや犯罪は、みんなこれが原因になっているかもな。

（『「いま」このときを、生きる』）

人生の流れは変わるのが当たり前

人生には浮き沈みがあって、そのときによって流れが変わるのは当たり前だと腹の底に叩き込んでいれば、少々のことがあっても悔しいとか、腹が立つとか、クヨクヨ悩むことがないいんだよ。これが当たり前のことなんだと思えるからね。

（『がんばらなくていいんだよ』）

チャンスは必ずめぐってくる

悩みがあって苦しいときには、なかなかわからないかもしれないけれど、世の中は絶えず変化しているんだから、苦しい時期はいつか必ず去っていき、新しいチャンスが訪れるものなんだよ。

チャンスはどこかで必ずめぐってくるから、次にめぐってきたチャンスのときに、その運をつかめるかどうかが、その人の器量にかかってると言えるんじゃないかな。

（『今できることをやればいい』）

不幸は幸せになる前兆

世の中の流れっていうのも、そのときダメだからといって、ずっと変わらないことはないんだな。

変化することが自然の鉄則だから、今が悪くても、太陽や地球が回ってるのと同じように、いいときが必ずめぐってくるんじゃないのかな。不幸だとか苦労してるということは、前向きに幸せになる前兆なんだからね。そう考えると、やりがいがあると思えてきて、前向きにやってれば、やっぱり道が拓けてくるんだよな。

だから、つらくても歯を食いしばって、粘って、じわりじわりと、今が自分の鍛えどきだ、仏様が自分のことを鍛えてくださっているんだ、と思って受け入れて、一生懸命勉強しようとやっていくうちに、いつの間にか、じ〜わじわ、じ〜わじわ良くなっていくんだよ。

（『ムダなことなどひとつもない』）

風のように流れ、雲のように散る

人生は風と同じように、流れていっては消え、流れていっては消えるものなんだ。毎日の生活も、雲のようにさまざまな形へ姿を変えて、崩れるときもあれば、よいほうへ向かうときもあるんだよ。だから、自然の流れに逆らわないで生きていくのが一番いいんだ。

（『あなたには幸せになる力がある』）

人間は良くなったり悪くなったりしているもの

困ったことが起きると、みんな動揺したり心配したりするし、「なんで私だけこんなふうになってしまったんだろう」なんて思うよね。だけど、私だけがひどい目に遭《あ》っているなんてことはないんだよ。そのとき、そのときの状況によってそれぞれの流れが違うだけで、みんな同じように良くなったり悪くなったりしているんだ。

（『がんばらなくていいんだよ』）

世の中は頭の中の計算どおりにはいかない

若いうちは自分の生き方が決まらないし、人のやっていることを見ると、そちらがよく見えたり、人のやり方を見て「俺だったら、もっとうまくできる」なんて思う。

だけど、自分でやりもせず、頭の中の計算だけで「こういうもんだ」と物事を判断しても、実際には、世の中はそのとおりにならない。そのうちに、コツコツやっている人のほうがうまくいって、自分を追い越していったりするんだよ。

（『今できることをやればいい』）

何事にもこだわらない

いろんなことにこだわらないようにするということがいいんじゃないのかな。
どんなに高い乳液つけたって、心にこだわりがあったらだめで、心が潤《うるお》っていたら何も塗らなくたってもべっぴんになるんだな。

（『幸せはすべて脳の中にある』）

「いい加減」は「ほど良い加減」

人間、四角四面で生《き》まじめな人ほど、予想外のことが起こるとポキッと折れてしまうよね。物の考え方が杓子《しゃくし》定規で余裕がないから、うまく対応できないんだよ。

そういう人は、みんなに迷惑をかけない程度の、いい加減な人間になるのがいいんだよ。あんまり四角四面でやっていたら身動きが取れないし、緊張する必要がないときでも、いつも緊張していなくてはならないからね。

余裕を持っていると、緊張せず、自由にいろいろと動くことができるんだよ。

いい加減というのは、「何もしない」「どうでもいい」と言って悪い加減に生きるのとは違って、物事を判断するときに、ほど良い加減をする余裕がある状態なんだ。

だから、不測の事態が起きても、天秤《てんびん》の重りが右に行けば左のほうへ行ってバランスをとるし、左のほうへ行けば右に行ってバランスをとるというように、物事の流れや動きに逆らわないで自然に生きることができるんだよ。

（『がんばらなくていいんだよ』）

どんな暗闇もその先には光がある

ある夜、山の中を拝みながら歩いていたら、提灯《ちょうちん》のロウソクが消え、予備の懐中電灯も切れてしまってね。それでも真っ暗闇の中、地面を這《は》うようにずーっと歩き続けたら、日が昇ってきたんだ。人生もそれと同じで、つらいときでもがんばっていれば、必ず光が差してくるよ。

（『あなたには幸せになる力がある』）

基本的なものを忘れるからダメになる

今は基本的なものが、忘れ去られちゃったんじゃないの？　あまりにも高度な知識がありすぎて、あっちの知識、こっちの知識を引っ張り出して、こうやったらいいだろうということで、実践的な物の考え方が薄れているからダメなんですよ。

（『「今」を大切にする生き方』）

泥水のなかでジタバタもがかずじっと待とう

人生でも、失敗するときがある。それを川の流れにたとえると、ダーッと流れていって、途中で川の流れから土手のほうに流れちゃって、泥水の水たまりで止まっちゃう。そうしたら、泥水の水たまりから川の本流へ抜けきるまで、じっと待ってればいいんだ。

じっと待ってれば、そのうちに本流へ戻っていくことができるんだよ。水の流れに逆らって、無理矢理逆の方向へ行こうとするから、ものすごく苦労するんだね。人間だって、同じことだよ。

人生の本線をずっと歩いていって、途中で寄り道して、寄り道した先がダメだったからって、ジタバタもがいても仕方がないんだ。

だから、そんなときは、今いる場所から出られる道を探して、淀《よど》んでるところでも、サラサラときれいに流れているところを探して、道が見つかったら、その道をずっと入っていけば本線へ戻れるんだよ。寄り道をしてたどり着いた場所には、どこか必ず新しい場所へ抜ける道があるから、そこをゆっくり探していけばいいんだな。

（『ムダなことなどひとつもない』）

いらない知識は頭の中からはずしておく

頭の中に知識を詰めすぎて、身動きが取れなくなってしまったときは、今ある知識のうち、どれなら自分の力で使いこなせるのか、どういうことなら自分なりにアレンジしていくことができるのかを見定めて、詰まった知識を淘汰《とうた》すればいいんだよ。今の現実に必要でない知識を頭の中からはずしておけば、空間ができた分だけ心にも余裕が生まれるし、使いこなせる知識があると自覚すれば、それは自信にもつながるからね。

（『がんばらなくていいんだよ』）

環境が変わればすべてが変わる

環境が変わると、人間はどうにでもできるんだね。本人がその気になると、すべて変わってくる。

（『今できることをやればいい』）

歩くことが人間の原点

心がおっつかないから迷ったり、生きるのがしんどくなる。世の中だってぎくしゃくしてくる……。もういっぺん振り出しに戻ったり、本来の姿を振り返る必要があるんじゃないかと思う。

それには、歩くことなんじゃないかな。人間の自然な姿は歩くことだから、歩くことは人間を振り出しに戻してくれる。

原点かもしれない。地べたに自分の足がつくことで、土地とふれあい、大地の力をいただくことができる。なにかを置き忘れているような気がしたら、少しずつでいいから、歩いてみるといい。歩くことがきっと何かを教えてくれるよ。

（『一日一生』）

生きるのが苦しいのは仏様の試験を受けているから

生きていて苦しいなと思うときは、これまでの自分よりもっと強い自分になれるように、仏様が試験を課しているんだと思えばいいんだ。

試験を拒否して落ちたら、零点になってしまうから、試されているのなら素直に試験を受ければいいんだよ。

（『がんばらなくていいんだよ』）

落ちるところまで落ちたらあとは上がるだけ

人生でどうしようもなくなったときに、前向きに突っ走っていけなければ、静観しちゃって、落ちるところまでダーッと黙って見てみるわけだ。落ちるところまで落ちたら、あとはもう上に上がるしかないんだから。それまでにいろんなものを蓄積して持っていて、上がるときにそれを打ち出せばいい。

だから「ダメだな」と思ったら、ムダなことをしないで、落ちるところまでシラーととぼけちゃって、一銭もないような顔をしてじっとしてるんだ。そしたら友人たちがお茶でもご馳走してくれる。

そうやっているうちに、そろそろ行くかって、また始めればいいんじゃないかな。たぶん、それぐらいの感覚でちょうどいいんだと思うな。あまり難しいことを考えちゃうと、体が硬くなるし、思考力がなくなって、何をやっていいかわからなくなっちゃうからね。

（『ムダなことなどひとつもない』）

持てなくてもよし、持てればなおよし

持てなくてもよし、持てればなおよしの気持ちで暮らしたらどうだろうね。欲しい、満たされたいという欲はほどほどにして、与えられたもので満足する。これが平常心ということだよ、これをいかに養うかということになる。

（『「いま」このときを、生きる』）

第四章

心の持ち方が人生を変える

心以外に何もない

毎日歩くのも、毎日仕事をするのも、最終的には心にかかっているんだな。心以外に、何もないもの。やると決めるのも、その心だし、やらないといったら、やらない心があるわけだしな。やっぱり、心というのはしっかりしていないとダメだよね。どんなことがあっても。

（『ムダなことなどひとつもない』）

何も得られなくて当たり前

何かを求めるのではなくて、今日を生きていることに感謝して、一生懸命に一日、一日を生きていこうとする。「最終的に何も得られなくていい」と考えると、すごく気がラクになると思うよ。

（『今できることをやればいい』）

幸福を大げさに考えなければ幸せになれる

幸福というものを、そう大げさに考えることはないんだよね。今日はよく眠れた、気持ちがいい朝が迎えられた、また朝ご飯がおいしくいただける。またいつもの皆の顔と会える……毎日のこんな、ささやかなうれしさに出会えれば、充分に幸福なはずなんだよ。そういうひとつひとつをありがたいと思うことが大切なんだよね。考え方をちょっと見つめ直すと、とても幸せになるんじゃないの。

(『「いま」このときを、生きる』)

今いるところが一番の楽園

何もないというのは、実は一番気がラクなんだ。なきゃないで楽しい世界があるし、あればあったで苦の世界があるんだよ。幸せは心の問題だからね。今いるところが一番の楽園だと思えば、ないことを思い悩む必要もないんだ。

（『ムダなことなどひとつもない』）

悩めることに「ありがとう」と感謝する

悩みが多くて困ってる人もいると思うけど、いろいろ悩めるということは、本当はとても幸せなことなんだと思えばいい。悩めるってことは、今、生かされている証拠なんだから、「ありがとうございます」という気持ちを持ってみたらいいよね。

「自分は不幸だ、不幸だ」と言っている人たちは、今、自分が生かされていることに対する感謝の気持ちが足りないし、「生かされている」と考えないから、そういう言葉が出るんだと思うな。

（『今できることをやればいい』）

こだわりを捨てられなければ

生きていくうえで、「こうでなければならない」とか「これがないといけない」というこだわりがあると、苦しくなるし、疲れると思うよ。
そうは言っても、どうしてもこだわりを捨てられないのなら、いっそのこと思いっ切りこだわってみるのもひとつの手だよ。期間を定めて、極端なくらいこだわってみると、バカバカしくなって、こだわりを捨てられることもあるからね。

（『あなたには幸せになる力がある』）

「いい欲」をいっぱい持とう

欲がなくなってしまうと、「何もしないで、じっとしていて、これでいいんだ」と思ってしまうかもしれないよね。欲があるから、前向きに物事を考えていくことができるという面もあると思うんだよ。

だから、「いい欲」は残しておかなきゃならないだろうね。「欲」があるから、世の中も進歩するし、発展もする。

「物事に前向きに取り組もうとする欲」とか、「学びたい欲」とか、「考える欲」とか、そういう「いい欲」は、いっぱい持っていたほうがいいと思うよ。


（『今できることをやればいい』）

失うものは何もない

命だけでなく、空気やお金、成功など、すべてのものを仏様から預かっているんだと思っていれば、失うものは何もないということがわかるし、いろんなことに一喜一憂せずに、淡々と自分の道を進んでいくことができるんじゃないかと思うよ。

（『がんばらなくていいんだよ』）

前向きな気持ちになりたければひたすら歩く

人間というのは、何をやるときでも前へ一歩、二歩といくでしょ。すべてのことは一歩ずつ一歩ずつ進んでいかなかったら、ものにはならない。学問をするのでも第一歩は基礎から入っていくでしょ。人間、歩くということは行動を起こす出発点なんです。

だから気持ちというのも、歩くことによって、整理できるんじゃないかと思う。

ただじぃーっと、どうしようどうしようと思って動かないでいるよりは、ともかくまず歩いてみる。動いてみる。動けば行動したことになる。

歩くというのは歩行禅、一歩一歩と歩いているうちに、だんだん腹に力が入ってきて、だんだん前向きになって「なんだ、こんなことなのかあ、アホらしい」って思えるようになってくる。歩くことは気持ちをすっきりさせてくれるんですよ。

（『「今」を大切にする生き方』）

苦しいなかでいかに楽しく過ごすかを考える

苦しいからといって自暴自棄になって、自分をボロボロにするのではなく、苦しいなかでいかに楽しく過ごすかということを考えて、無理せず自分なりにやっていけばいい。

（『がんばらなくていいんだよ』）

物事は見方しだいで良くも悪くもなるもの

人間は、同じ場所から同じものを見ていても、立ち位置が違ったり、見方が違うと、同じものがまったく別のものに見えるものなんだ。

それが世の中なんだということを、知っておく必要があると思うよ。

それから、物事は、「これがいい」「これが悪い」とすぐに決めつけないほうがいいよ。物事は、見方しだいで、良くもなるし、悪くもなるからね。自分のとらえ方をひっくり返してみれば、別のとらえ方もできるんだ。いろいろな視点から物事を考えることも、何かの参考になるかもしれないよ。

（『今できることをやればいい』）

無能な人はひとりもいない、ムダな人生もどこにもない

「私は役立たずだから、生きている価値なんてないんだ……」と落ち込む必要はないんだよ。無能な人やムダな人生は、どこを探したって見つからないからね。どんな人でも誰かの役に立つことができるし、必要とされているからこの世に存在しているんだよ。

（『あなたには幸せになる力がある』）

貧乏だからがんばれる

「貧《ひん》は世界の福の神」ということわざがあるんだけど、貧乏のときには、一生懸命にがんばるから、それが福の神になって、あとで福がくるという意味なんだ。

だから、「ああ、貧乏で嫌だなあ」なんて思う必要はないんだよ。貧乏するほど、一生懸命にがんばれる。貧乏のときには、「貧乏だから、お金儲けの材料が増えてきたな（笑）」と思っていればいいんじゃないのかな。

そう思って、将来を楽しみにしながら生きてみるといいと思うよ。

（『今できることをやればいい』）

逃げて逃げて逃げ倒せ

相手から逃げるときに、殴られるのが恐いからといって、じっとしていたらダメなんだよ。逃げて逃げて、逃げ倒せばいい。

（『がんばらなくていいんだよ』）

失敗しても命があれば前へ進める

失敗したら、「これは成功のもとなんだから、がんばりましょう」と、デーンと構えて、前向きに行けばいいんだ。

それでもつらいときは、「命があるから前へ進めるんだし」と思えばいいんだよ。自暴自棄になって、めちゃくちゃな生活をしないで、普通の生活をしていたら、必ず何か先が見えてくるはずだよ。

（『今できることをやればいい』）

物事はいい方向に考える

自分の足下の目先の不満ばかり目につくから、つらくなってくるんだよ。「仕事をさせてもらっているだけでありがたいもんだ」、「家族がいることってうれしい」と、いい方向にものごとを考えてみてもらうといいんだよね。

そういう考えで生きていけば、いつもささやかな幸福感を感じながら充実していられるんじゃないのかなあ。

（『いのち輝く癒しの言葉　阿闍梨問答集』）

子どもになったつもりで生きる

悩みが尽きないときは、子どものときと同じような頭の感覚になってみるといいよ。四つか五つぐらいの子どもになったつもりで生きてみる。そうすると、なんでも正直に受け取れるし、だめなもんは、嫌がる。

（『幸せはすべて脳の中にある』）

ゆとりがあれば心は折れない

ゆとりを持って歩くということは、ゆとりを持って生きることにつながると思うんだな。歩きながら人生の本線、目標を歩いていくんだからね。歩くペースと、日常のペースは同じということだよね。

だから、日常の生活も、ガサガサいくより、ゆっくりと余裕のある物事の考え方をするように、ゆとりのある環境を自分でつくっていかなきゃいけない。そういう環境がくるのを待ってるんじゃなくて、自分でつくって、その中に入っていけばいいんだ。
少しでもゆとりをつくれば、ギシギシしてるところにも、ちょっとすき間ができる。それで、うまいこと肩透かしができるかもしれない。いつもギリギリ、いっぱいいっぱいでいると、心に摩擦が起きるから、何かあると、弱くて折れちゃうんだな。

（『ムダなことなどひとつもない』）

現実にとらわれすぎると視点がぐらつく

現実にとらわれることから離れなきゃならない。現実にとらわれすぎると、視点がぐらついちゃうからね。現実にあまりとらわれなければ、「なるようにしかならない。じゃ、次へ行きましょうか」と心に余裕ができるんだ。それは、一つの心の操縦法かもしれないな。

（『ムダなことなどひとつもない』）

嫌なことがあったときほど笑ってみる

昔から、「笑う門《かど》には福来たる」と言われているくらいだから、どんなときでもニコニコしていたほうが、誰にとってもいいことだと思うよ。

あんまり笑いすぎて顎《あご》が外れちゃったらダメだけど、怖い顔をして一日過ごすのと、ニコニコして一日過ごすんだったら、ニコニコして過ごすほうがいいよね。

何を見ていても、楽しい、ほほ笑ましいという感覚を自分でつくってしまうといい。嫌なことがあって笑えないときでも、笑ってしまったほうがいいんだ。

（『今できることをやればいい』）

幸せも不幸も自分の心が左右する

幸せだとか幸せじゃないとかいうことを考えるときに、本人の心がそれを左右するんじゃないの。なんにでも感謝の気持ちを持てば幸せになれるし、不足をもってやっていれば、最後には災いを受けて大変な目に遭うんじゃないかと思いますよ。

(『「今」を大切にする生き方』)

神様への願い事は神様に誓いを立てること

僕らは、神様や仏様に、この世に生かしてもらってるんだけど、神様や仏様に頼ってばかりの、他力本願では自分の役割は果たせないんだ。

本来、願いを込めるという行為は、神様に誓いを立てるようなもの。だから、「合格させてください」と絵馬に書いたら、「自分はがんばりますよ」と神様に宣言したと思えばいいんだ。神様と約束したことを、心の支えにしてがんばればいい。そうすれば、きっと効き目があると思うよ。

（『今できることをやればいい』）

明日のことを心配するより今日一日を大切に

人間は、先のことをあんまり考えすぎると、何もできなくなってしまうんだよ。明日のことをいくら心配してもしょうがないんだよ。「明日、嵐がきたらどうしよう」とか、「地震がきた日はどうなるんだろう」なんて、頭の中で心配ばかりしていたら、何もできなくなってしまう。

明日のことを考えて不安になったり、嫌な気持ちになったりするのではなくて、今日一日を大事にしていくほうが、案外といいんだよ。

（『今できることをやればいい』）

第五章

すべてはつながっている

人生にムダなことなんてひとつもない

人間が行うことは、すべてどこかへつながっていて、人生にムダなことなんてひとつもないんじゃないかな。

（『ムダなことなどひとつもない』）

みんな支えられて生きている

今の時代、まわりの人に支えられていることや、守られていることに対する感謝の気持ちを持てなくなってきているよね。「自分一人で生きてきたのではない」ということを、見落としてしまっているんだ。

それに加えて、神様や仏様にも支えられている。この世に命を授けてくれて、今も自分が呼吸をしていて、生かしてもらっているんだから、神様と仏様も支えてくれているんだよ。

（『今できることをやればいい』）

見えない絆をたぐり寄せる

いつもいるのが当たり前だった人たちが亡くなって、初めて大切な存在だったことに気づき、悲しくなるのは、絆《きずな》があるからなんだよね。絆っていうのは、お互いをつないでいる糸を信じて、たぐり寄せ、認識しあうもの。だけど、何気ない日常の中では、絆の大切さを忘れちゃってる人も多いよね。

（『ムダなことなどひとつもない』）

厳しくされるのは試されているから

人は本能的に、相手が敵か味方かを感じ取るというから、指導する立場の人から敵とみなされれば、厳しくされることがあるかもしれないね。

だけど、相手の心をどうこうしようとしても、どうにもならないんだから、たとえ厳しくされても、そこでへこたれないことだよ。

「今、自分は試されているんだ」と考えて、前向きに進んでいけば、その経験も貴重な財産になるんじゃないかな。

（『あなたには幸せになる力がある』）

出会えたことには必ず何かの意味がある

「縁が欲しい！」と願ったところで、すぐ簡単に縁を得られるものではないんだけど、縁というものは不思議なもので、世の中をぐるぐる回っているんだ。一見、今の自分が望むこととは無関係に見えても、あとになって「あのときつながっていたんだ……」なんてことがあるものだよ。

それは、親や兄弟、友達、同僚、上司なんかでも同じなんじゃないかな。この地球上で、同じ時代に生まれて出会えたということは、何かの意味があると思うよ。新しい出会いも、古くからある出会いも、自分にとってなんの意味があるのか、心に問いかけてみるのもおもしろいと思うね。

今は目に見えないけど、身近にある縁や、心惹かれるものを大切にしていけば、将来どこかでつながるかもしれないよ。

（『あなたには幸せになる力がある』）

ときには薄情こそが相手のためになる

どんなときでも、相手を正すときは正さないとダメ。正さないことを人情だとか、思いやりだと思っていたら、相手はどんどん悪いほうにいってしまうからね。「自分が悪者になって嫌われたくない、薄情になりたくない」と思うのもわかるけど、そこは逆に考えて、薄情になることが相手を奮発させるとか、あの人を立ち直らせるひとつの教訓になるんだということを頭に置いてやれば、「言うときにはパッパッと言おう」と正しい判断ができるんじゃないかな。

（『がんばらなくていいんだよ』）

友達はひとりかふたりいればいい

たとえ成功して大勢の人が周りに集まってきても、本当の友達はひとりかふたりいればいいんだよ。そういう友達を大切にしていきたいね。

（『がんばらなくていいんだよ』）

真心があるかないかで、良し悪しが決まる

「恕」という言葉は、相手の立場に立って物事を考えるとか、思いやりという意味があるんだけど、真の思いやりは相手の気持ちを察するだけじゃダメで、そこに誠実さを必要とするんだ。

そこで、本物の思いやりを表すときには、「恕」という字の前に「忠」を足して、「忠恕」と書くんだよ。「忠」という字は「中」の「心」と書くけど、心の真ん中が誠実でないと、どんなことも濁《にご》って見えなくなってしまうよね。そんな状態で相手を思いやっても、判断を誤ったり、傷つけたりしてしまうから、思いや

りには誠実さを要するということで、「忠恕」という言葉ができたんだよ。

誠実さのない思いやりは、ただのおべんちゃらで役に立たないし、何をするにしても、そこに真心があるかないかで、物事の良し悪しが決まってくるものなんだ。相手がどう感じるかを無視して、自分の言いたいことや要求を一方的に押し通そうとすると、そこにはどうしても摩擦が起きるから、いつでも相手の立場に立って物事を考える真心や、誠実さのある本物の思いやりを忘れないでいたいね。

（『がんばらなくていいんだよ』）

初めは小さく、あとから大きくしていく

人に物をあげるときは、人間の欲の性質に着目して、最初は小さい物を贈るといいよ。そして、だんだんだんだん大きくしていって、五、六年経ったら、つきあいが古くなったという印に大きい品物をあげるといい。

品物をもらった相手も、「最初のころは小さかったけど、だいぶ長いことつきあってるから大きい物をくれるようになったな。律儀《りちぎ》な人だな」と、喜びが倍に増すからね。「初めは小さく、あとから大きくしていく」という道理は、すべての物事に共通することなんだよ。

（『がんばらなくていいんだよ』）

ほんとうに孤独な人などいない

人が育つというのは、結局、経験を積み重ねて、孤独感を払拭《ふっしょく》していくことの繰り返しなんだ。誰だって孤独を感じるのはあたり前だけど、孤独だからこそ、いまを大切にしてな、頑張って生きましょうっていう考え方になればいいんだけれどね。

人間は自分一人でもって生きてるのではなく、大勢の人に支えられて生きてるんだからね。そこに気づけば本当は孤独じゃないいんだよ。

（『いのち輝く癒しの言葉　阿闍梨問答集』）

人づきあいの基本は「不即不離」

人づきあいのコツがあるとしたら、相手にベッタリくっつかずにある程度の間をあけて、お互いの距離に余裕を持たせることなんじゃないかな。

つかず離れずの状態を表すときに「不即不離」という言葉をよく使うけど、その言葉どおりちょっと空間をあけとけばいいんだ。お互いがひっついてしまうと、にっちもさっちもいかなくなってしまうんだ。

（『がんばらなくていいんだよ』）

光り輝く人生を生きるには磨き合える友だちが必要

切磋琢磨《せっさたくま》して光り輝こうとすれば、まわりに優れた人間が集まってくる。でも磨くのを忘れて光が鈍ってしまったら、輝きのない人間しか集まってこない。
つまりね、光輝く人生を生きるか、それとも自分の可能性を殺したまま愚かな人生を歩むか。これは、いい友だちをいかに持てるか、どうやっておたがいを磨きっこするか、それが大きな分かれ目になるんだよね。

（『「いま」このときを、生きる』）

お互いにうまく流せば人間関係はうまくいく

人間関係は、相手をなんとかして自分の世界に取り込もうと思うことから、問題が生じるんだ。だいたいの問題は、お互いがどういう状況でも「ああ、そうですか」と流してやれば、うまくいくんだよ。自分がしてやったことに対する見返りを、いくら相手に求めたって、返ってこないものは返ってこないんだし、過去にされたことを恨んでいても、問題はぶり返すばかりで、つらい思いは消えないからね。

(『今できることをやればいい』)

自分にも甘く、相手にも甘く接する

よろこばせるって、相手を尊重することだよ。「私にとってこの人は特別」と考えれば、それが態度に現われるから人間関係が発展する。自分に甘くてもいいけど、その分、相手にも甘く接する。それが人間関係の基本になるんだな。

（『「いま」このときを、生きる』）

子どもは親の持ち物ではない

もともと親も子も、広い宇宙のなかの点だから、それがあるとき、オギャーオギャーと暗がりから、明るいところに赤ん坊として突然出てくる。

そして、子どもは世話をしてくれる大人（親）と出会う。このとき、この二つの点が初めて、地球の上で出会うことになるんだよ。

お互いにもともと宇宙のなかの一点同士なのだから、「子どもだから」とか「親だから」といったこだわりを持ちすぎることもないと思うんだよね。子どもは親の持ち物なんかではないし、見方を変えれば、親も子もみんな仏様の子どもなんだよ。

（『いのち輝く癒しの言葉　阿闍梨問答集』）

いい人たちとつきあおう

自分の道が見えている人も、自分の道や好きなことがわからない人も、いい人たちとつきあうことが大切だよ。知識の豊富な人、正直な人、誠実な人、努力する人、指導してくれる人を友達に持って、口の上手な人、安請け合いする人、約束を守らない人とはつきあわないことだ。

（『がんばらなくていいんだよ』）

三日続ければずっと続けられる

ぼくたちの世界では、「三日やったら、ずっとできる」って言う。山なんか歩くんでも、だいたい三日目ぐらいに相当つらくなってくる。つらくて痛くて足も動かなくなって、四日目になると、やめちゃおうかなって。それを踏み越えていくと、そのまんま、じわじわと行ける。

だから、三日坊主は、三日坊主だからだめだっていうんじゃなくて、「三日やったんだから、できるんじゃないの？」っていうことなんだね。

（『幸せはすべて脳の中にある』）

「運」は仏様が与えてくれた道筋のようなもの

人間は誰も「運」を持っている。それは人間が望む通りに生きる道というか、仏様がその人に与えてくれた道筋のようなものではないかと思うんだよ。

（『「いま」このときを、生きる』）

試練を乗り越えれば人生の番付が上がる

この世の中に生まれてきたってことは、仏様から「評価されている」と思えばいいんだ。「この人間は、どのくらいの器量があるか試してやろう」と思われているから、悩みや試練を与えられるんだし、それを乗り越えれば、仏様が「よし。番付を一つ上げてやろう」と言ってくれるんだと思えばいいんだよ。相撲みたいだけど、試練を乗り越えると、大関にしてもらえて、横綱にしてもらえるんだ。

（『今できることをやればいい』）

「ありがとう」「すみません」「おかげさまで」

「ありがたい」というのは、いま自分がここに生きていること自体がすばらしいことなんだと教える言葉。「ここに有り難し」なんだね。だから、いまを精一杯生きなさいということ。「すみません」というのは、間違ったから謝るというんじゃなく、いろいろ与えてくれた相手や物、自然がくれる「おかげさま」へのご恩返しができていないということ。「済んでいません」という謙虚な気持ちなんだ。だから「おかげさまで」と感謝の気持ちを捧げる。

（『「いま」このときを、生きる』）

成功も失敗も全部仏様の思し召し

何事に対しても「ありがたいな」という考え方をしていると、素直になれるし、ずっと前へ進み続けることができるんだ。

普通の人は、うまくいったことは全部自分の力によるものだと思いがちだけど、それは自分が勝手に生きていると思うからなんだよね。命は仏様からの預かりものだと思っていると、そんな考えは出てこない。全部仏様からの預かりものなら、自分が成功しても失敗しても「これは全部仏様の思《おぼ》し召しだ」と思うんだ。

（『がんばらなくていいんだよ』）

いい運は自分の行動から生まれてくる

いい運をつかもうと思ったら、一生懸命に働いてさ、いい行ないをして、毎日、つつましく生活する。それをコツコツ繰り返していけば、やがて、いいことやうれしいことが出て来て、「あ、運がよかった」と感じるものなんだよ。

運がいい人というのは、そういう毎日の小さなことをコツコツつづけることができる人。逆に、運が悪い人ってのは、しいて言えば、集中力がない人に多いのとちがうかな。

（『いのち輝く癒しの言葉　阿闍梨問答集』）

苦しい思いをするから他人の苦しみがわかる

苦しいことがあっても、必ず何かの役に立つんだと思うよ。苦しさがあって、初めて苦しみがどういうものかを知ることができるんだしね。苦しみがどういうものかを知らないで、最初から楽天的に生きていたら、他人の苦しみや悩みを聞いても、なんで苦しいのか全然わからないからね。

（『今できることをやればいい』）

毎日手を合わせるだけでいい

気持ちがあれば、儀式なんかしなくてもいいんだよ。

毎日、手を合わせて、「今日も一日、元気で行ってきます」「今日も一日、護《まも》っていただき、ありがとうございました」っていうご挨拶する気持ちがあれば、それで十分なんだ。

それが、生かされていることへの感謝の気持ちなんだよ。念仏を知らなくても、お経が読めなくても、誰でもできるんだ。


（『この世に命を授かりもうして』）

今した行いの結果は必ずあらわれる

いま良いことをしても、その結果は今日すぐに来るかもしれないし、三代くらい後かもしれない。でもそれは早いか遅いかの違いで、いました行いの結果は必ずあらわれると思うと、前向きになれるのじゃないかな。たとえいま巡り合わせが良くなくても、その分、いま良いことをしていけば、未来は変わっていくかもしれない。

生きとし生けるものの命はみな繋《つな》がっている。そう思うと、死は恐ろしいもの、寂しいものではない。一日でも長く生きて、良い結果を残していけば、来世に繋がっていく。

そう思うと、毎日にはりが出て、楽しくなる。

せっかく命があるのだから、日々、この地球のさまざまの命のことを思いながら、少しでも良いことをして生きていきたいものだね。

（『日一生』）

全身全霊で一生懸命に祈る

全身全霊でもって一生懸命に祈る。日の光や風、木々のざわめき、路傍《ろぼう》にひっそりと咲く小さな野の花、そういう中にも仏さんが宿っている。人間だって自然の一部だから、その中で生きていることにありがとうを申し上げ、祈りを捧げて、命の大切さを実感すること。それが行なんだね。

（『「いま」このときを、生きる』）

寄り道しなければ味わえないものもある

自分の行く道を決めたら、ずっとその道を歩んで行ければいいんだけど、途中で誘惑に負けることもあるかもしれないね。だけど、若いときには、いろいろ失敗したり、寄り道したりしても、それはそれでいいんだよ。

「寄り道してなかったら、もっと先に行けたのになあ」と思うかもしれない。だけども、人生の深い意味合いから考えると、脱線して戻ってきた人は、寄り道せずに進んだ人が味わえないものを、得ることができるということもあるんだよ。

（『今できることをやればいい』）

拝む気持ちは世界のすべての人に共通する

人間というのは、これを拝めと強制されて拝むんじゃなくて、自然に吸い込まれて、拝みたいというものを拝むようになるのが、一番いいんじゃないのかな。だから拝むということは、世界のどこへ行っても、すべての人に対して共通なんだね。

（『ムダなことなどひとつもない』）

また新しい自分になって立ち上がればいい

生きている限り、自分の勝負に終わりはない。つらいからっていったって、引き返すわけにもいかない。

でも、もし自分が負けたとしても、そこでおしまいじゃない。また立ち上がればいい。また新しい自分になって。

（『続・一日一生』）

仏様はすべての人の心の中にいる

どんな人の心の中にも仏様はいて、いつも見守ってくれている。安心して、自分の道を歩いていけばいいんだよ。

（『あなたには幸せになる力がある』）

第六章

笑って死ねたら
それで幸せ

なんのためにこの世に生まれてきたのか

人間はいつも、「なんのためにこの世の中に生まれてきたのか？」ということを考えてみないといけないんじゃないか、と思っているんだ。

この世に生まれてきた人間は全員、神様か仏様になんらかの役割を与えられて生まれてきて、生きている。この世で果たす「宿題」を与えられて、生まれてきたと言ってもいいかな。

（『今できることをやればいい』）

自分で納得できる人生ならそれでいい

生きている間に大成しない人もいることは確かだよ。それでも、自分で納得できて、楽しい人生だったと思えればいいんじゃないかな。お金持ちになったり、有名になることよりも、自分の人生をこの道でやり通したと思えることや、生きている間に何をやったか、何を残したかのほうが大事なんだ。

（『がんばらなくていいんだよ』）

命にははじまりもなければ、終わりもない

毎日毎日、同じことを繰り返していくと、人生なんていうのは、はじまりもなければ、終わりもないということがわかってくるんだよ。まさに、「無始無終」なんだ。

自分たちの生命は、地球誕生からずっとつながってきて、これから先もどんどん延長していくよね。だから、自分の命は今、たまたま人間の格好で地球へ出てきただけで、魂は四十六億年前からずっと存在しているんだよ。

死んだあとも命はとめどもなく続いていくんだから、自分でブレーキをかけて

死ぬ必要はどこにもない。与えられた命を使えるだけ使って、自然消滅するような考え方で生きていけばいいんだ。

命ははじまりもなければ、終わりもないという考え方をすれば、寒いとか年を取ったとかは、たまたまそのときに出くわしている現象だというだけで、たいした問題ではなくなってしまうんだよ。

（『がんばらなくていいんだよ』）

朝、目覚めたことに感謝する

目が覚めたときに、「今日も、起きることができました。生きていることができました。ありがとうございます」という気持ちを持てば、きっと一日を大事にしようと思うよ。

（『今できることをやればいい』）

若さに執着するから老いが怖くなる

若さに執着するから老いが怖くなるんだよ。年を感じなければいいんだ。人間は心の持ち方次第では、そう簡単に潰《つぶ》れない。年齢を重ねるということは、若い人には真似できない、貴重な体験を積んでいることだし、視野も広く見えているからね。それが老け込まない秘訣だね。

（『「いま」このときを、生きる』）

命の長さよりどう生きたかの中身が大事

大事なのは、命の長さよりも、その人生をどう生きたかの中身だからな。長生きっていったって、人間何年、生きられる？　昔に比べりゃずいぶん寿命が延びたけれど、それだって百年。地球四十六億年の歴史で見りゃ、百年なんていうのはあっという間だよ。あんまり長さにこだわらなくていいんじゃないのかね。

（『この世に命を授かりもうして』）

「これで十分、もう十分」

足るを知らないから、欲がどんどんふくらんで、それを埋め合わせようとするから、「まだ足りない、もっと欲しい」となるんじゃないの。
みんな、これから、「これで十分、もう十分」とつぶやく癖をつけたらどうだろうね。そうすれば、心安らかに楽しく暮らせるんじゃないのかな。

（『「いま」このときを、生きる』）

人生は長いようでいてあっという間

僕は、自分が八十三歳を過ぎて、「ずいぶん長生きしたなあ」と思うけど、「何日くらい生きたのかな?」と思って数えてみると、三万日を少し超えたくらいなんだ。

地球が生まれてから今に至る年数は、四十六億年くらいだと言うよね。そうすると、四十六億年の中の三万日なんて、「どこにあるのかいな?」というくらいの、本当に短い期間なんだよ。

部屋の端から端までを四十六億年だとしたら、八十三年なんて、一ミリの長さにもならないんだからね。長生きして八十三歳まで粘っても、天文学的な数字から見ればそんなものなんだよ（笑）。

四十六億年という長い年月の中で、僕たちはあっという間に生まれてきて、あっという間に命が終わるんだから、そんなにあわてて、自らの命を死に向かわせなくていいんじゃないかな。

つらいときも、ジタバタしないで、自然に命が尽きるところまで行ったほうがいいんじゃないの、ということだよ。

せっかくこの世にいただいた短い命なんだから、大切にして、生きていってほしいね。生きていくなかではいろいろあるけど、自ら命を絶つなんて絶対にダメだよ。

（『今できることをやればいい』）

なるようにしかならない

どんなときも、なるようにしかならないのとちがうかな。

（『ムダなことなどひとつもない』）

生き残された者には務めがある

生き残るんじゃなくて、生き「残される」ものなのかもしれないな。なにかお前さんはざんげしろ、もっと世の中のためになれって、そういうことでもって仏さんは、この世に残しておいているんだよ。

命が残されているっていうことは、今何歳であろうと、まだまだしなくちゃならないことがあるのとちがうかな。

（『一日一生』）

全部燃え尽きるまで生きる

「人生なんていうのはロウソクですよ」って、誰かに聞いたことがある。ロウソクの火を灯《とも》して、じいっと燃えていって、全部燃え尽くして、初めて人間が地球からいなくなる。

人間、いやだって言っても時期がきたらちゃんと死ななきゃなんないことになっている。だから全部燃え尽きるまで生きる。それを途中で、自分で芯を切って火を消すのは、おかしいんじゃないかと思いますよ。

（『「今」を大切にする生き方』）

お金はあの世に持っていけない

お金をいくら持っていたって、死んでしまったらあの世に持っていけないんだから、みんなが幸せになれるようなお金の使い方をするのが、どんな状況でも一番いい使い方なんじゃないかと思うよ。

（『がんばらなくていいんだよ』）

いつ死んでもいいように自分を整理しておく

人間はいつお迎えがくるかわからないから、自分を整理しておくことも必要かな。人生を見直し、いいこと、悪いことを反芻《はんすう》して、やっぱり楽しかったな、生きててよかったな、今度生まれ変わったときにはもっと楽しいことをしようと、よく笑って死んでいけるようにすることだね。

過去の分は取り返せないとしても、いまここからは、できるだけいいことをするようにつとめることだね。人間は最終的には死ぬものだ。だけどまた生まれ変わるんだなあって思えば、限られた時間を精一杯生きようとするし、できるだけいいことをしようという気持ちが生まれるはずだよ。

（『「いま」このときを、生きる』）

のたれ死にでもいいから生き切る

カッコいい死に方でなくて、のたれ死にでもいいから、いただいた命を生き切らないといけない。自分でその命の期間を縮めちゃいけないよ。

たとえ、死にたいほどのつらいことがあったとしても、生かしていただいているんだから、そのご恩返しのためにもがんばらないとね。

（『今できることをやればいい』）

何も持っていないのが人間

人間、何か持ってるようで、なんも持ってないんだよねえ。みんな夢みたいなもんかもわからないよね。

（『続・一日一生』）

死は明日生まれるための準備運動

生まれるから死んで、死ぬからまた生まれる。ということは死の世界は、明日生まれて新しく出発するための準備運動とちがうかなあと思う。

（『「今」を大切にする生き方』）

ニコッと笑って死ねれば幸せ

人間、ときには、「どんなふうに死を迎えたいか」を考えてみるのもいいかもしれないね。

大勢の人に見送られて死ぬのもいいし、家族や友達の一人か二人に見送られて死ぬのもいい。

だけど、大事なことは、自分自身が、「まあ、この人生おもしろかったな」と思って、ニコッと笑って死ねるかどうかということじゃないかな。

路傍の誰も見ていないところで死ぬ人でも、生まれたときから死ぬまでの人生をずっと振り返ってみて、「こういう死に方もあるよな。まあまあ楽しい人生を送れたな」と思って死んでいければ、それはそれで、かまわないんじゃないかと思うよ。

死ぬときに周りに誰もいなくても、気にすることはないんだ。「ああ、人生を生き切りました」と思えれば、それが一番幸せだと思うな。

（『今できることをやればいい』）

◉本書の言葉の出典一覧

〈PHP研究所〉
『あなたには幸せになる力がある』
『大阿闍梨 酒井雄哉が語る「今」を大切にする生き方』
『今できることをやればいい』
『がんばらなくていいんだよ』
『ムダなことなどひとつもない』

〈朝日新書〉
『一日一生』
『幸せはすべて脳の中にある』
『続・一日一生』

〈幻冬舎ルネッサンス新書〉
『この世に命を授かりもうして』

〈日文新書〉
『いのち輝く癒しの言葉 阿闍梨問答集』

〈日本文芸社〉
『「いま」このときを、生きる』

〈ビジネス社〉
『生き抜く力をもらう』

〈著者略歴〉
酒井雄哉（さかい・ゆうさい）
1926年、大阪府生まれ。太平洋戦争時、予科練へ志願し、特攻隊基地・鹿屋にて終戦。戦後、職を転々とするがうまくいかず、比叡山へ上がり、40歳で得度。約７年かけて４万キロを歩く荒行「千日回峯行」を80年、87年に２度満行。その後も国内外各地への巡礼を行った。98年より比叡山飯室谷不動堂長寿院住職。2013年９月23日、87歳で逝去。
主な著書に『ムダなことなどひとつもない』『今できることをやればいい』『がんばらなくていいんだよ』（以上、ＰＨＰ研究所）、『一日一生』（朝日新書）などがある。

箴言集
そのままの自分を出せばいい

2014年10月２日　第１版第１刷発行

著者　酒井雄哉
発行者　小林成彦
発行所　株式会社ＰＨＰ研究所
東京本部　〒102-8331　千代田区一番町21
生活教養出版部　☎03-3239-6227（編集）
普及一部　☎03-3239-6233（販売）
京都本部　〒601-8411　京都市南区西九条北ノ内町11
PHP INTERFACE　http://www.php.co.jp/
印刷所　大日本印刷株式会社
製本所　株式会社大進堂

ISBN978-4-569-82148-1